AF358996

TURGAN

TEINTURERIE

BOUTAREL et Cie

A CLICHY-LA-GARENNE

MM. CHAPPAT et Cie

SUCCESSEURS

TEINTURES ET APPRETS SUR TISSUS DE LAINE OU LAINE ET SOIE

Livraisons 214 et 215 des GRANDES USINES

Prix du fascicule : 1 fr. 20 c.

PARIS

CALMANN LÉVY, LIBRAIRE-ÉDITEUR

RUE AUBER, 3 BIS, ET BOULÉVARD DES ITALIENS, 15

A LA LIBRAIRIE NOUVELLE

1880

TABLE

TEINTURERIE BOUTAREL ET CIE

A CLICHY-LA-GARENNE

MM. CHAPPAT ET CIE SUCCESSEURS

TEINTURES ET APPRÊTS SUR TISSUS DE LAINE OU LAINE ET SOIE

MÉRINOS, MÉRINOS DOUBLE, DRAPS, CACHEMIRE D'ÉCOSSE

MOUSSELINES, SATINS DE CHINE

POPELINES, VELOURS, REPS BOMBASINS, MEUBLES, FLANELLES, CHALES, ETC

L'usine que nous allons décrire, située à Clichy-la-Garenne, dans la banlieue de Paris, est, pour l'industrie qu'elle exerce, la plus importante du monde entier par la quantité et la supériorité de ses produits. La maison a été fondée par Pierre Gonin en 1800, à Paris dans l'île Saint-Louis, pour teindre en toute nuance des écheveaux de laine, de soie et de coton. En 1822, Pierre Gonin prit pour gendre et pour associé François Boutarel, qui transforma le travail et le matériel de l'usine: à la teinture des écheveaux il joignit le dégorgeage, la teinture et l'apprêt de toutes les étoffes de laine tissées en écru. En 1828, François Boutarel resta seul à la tête de l'établissement. De 1828 à 1844, l'usine de l'île Saint-Louis crut sans cesse en importance et en perfection (1). — François Boutarel

(1) Rapport Chevreul, 1844.

exposa pour la première fois en 1844, obtint la médaille d'or (1),
et peu de temps après fut nommé officier de la Légion d'honneur.

En 1845, l'usine fut transférée à Clichy-la-Garenne : de 1850 à
1860, elle a été dirigée par Aimé Boutarel, qui fut choisi comme
membre du jury international aux Expositions universelles de 1862
et de 1867. Voulant avant tout produire à bon marché tout en per-
fectionnant l'exécution, Aimé Boutarel a mis en pratique ce grand
principe d'économie politique : « En diminuant la valeur vénale
d'un produit utile à nos besoins, on multiplie le nombre des consommateurs, non pas seulement en raison directe de cette diminu-
tion, mais suivant une proportion dix fois plus grande. » Il put
joindre à ces deux résultats un accroissement progressif des salaires.

La production de l'usine, qui était en 1852 de 3,500,000 mètres par an, devint en 1855 de 4,300,000, et l'année dernière,
1868, arrivait à 9,000,000 de mètres.

En 1860, Aimé Boutarel s'est associé avec Louis Chappat; en
1862, l'usine a obtenu la grande médaille à l'Exposition universelle de Londres (2).

En 1867, Aimé Boutarel était membre du jury international;
l'usine fut mise hors concours, mais le jury international, en
raison de la supériorité d'exécution, décernait à Louis Noizotte,
contre-maître de Clichy, une médaille d'or.

En 1870, la direction fut confiée à MM. Chappat père et fils.

L'usine de Clichy occupe un hectare et demi de terrain, couvert
de constructions. Les divers mécanismes sont mus par des machines à vapeur de la force de cent vingt-cinq chevaux. Les générateurs
pour chauffage représentent une force de deux cent quatre-vingts
chevaux vapeur. L'usine possède, en outre, des métiers à griller, à
ébrouir, à foularder, à dégorger, à sécher, à tondre, à apprêter, à gar-
nir, à presser, à moudre, à varloper, des forges, des tours, une chau-

____

(1) Rapport Chevreul, 1844.

(2) « Le jury a dû récompenser les produits de MM. Boutarel et Chappat, de Clichy,
pour leurs belles et remarquables teintures sur tissus divers et spécialement sur
mérinos. »   (Rapport Persoz.)

dronnerie et des ateliers de menuiserie. Des capitaux importants ont été immobilisés pour amener ces résultats, mais la plus grande partie a été déjà passée par profits et pertes, ce qui permet à l'établissement de produire aussi bon marché que possible.

La production de l'usine a suivi, depuis l'époque de sa fondation, une progression constante. Pour ne parler que des dernières années,

```
La fabrication a été, en 1864, de 114,000 pièces,
    —         —      en 1865, de 119,000   —     par pièces de 80 mètres
    —         —      en 1866, de 121,000   ....
    —         —      en 1876, de 133,000   ...
    —         —      en 1877, de 124,000   - -   par pièces de 100 mètres
    —         —      en 1878, de 140,000   ....
    —         —      en 1879, de 150,000   .—
```

Cinq cents ouvriers et ouvrières trouvent à Clichy une occupation permanente.

Une caisse de secours mutuels assure l'assistance à chaque ouvrier, en cas de maladie ou d'accident.

MAGASIN DES ÉCRUS

Avant de pénétrer dans les ateliers et d'y suivre les divers traitements subis par les étoffes, il faut entrer d'abord dans un grand bâtiment construit en briques et fer, dans lequel arrivent de Reims, de Roubaix, de Saint-Quentin et du Cateau les étoffes tissées en écru. Ces étoffes, matière première du teinturier, lui sont remises salies et jaunies par le métier à tisser ; il lui faut les teindre en nuances les plus tendres, en couleurs unies, vives, éclatantes, chaudes et veloutées, et les rendre à leur propriétaire convenablement apprêtées et roulées avec goût sur de petites planchettes.

Les précautions les plus minutieuses sont prises pour éviter la moindre confusion dans les diverses opérations. La pièce écrue,

PLAN DE L'USINE

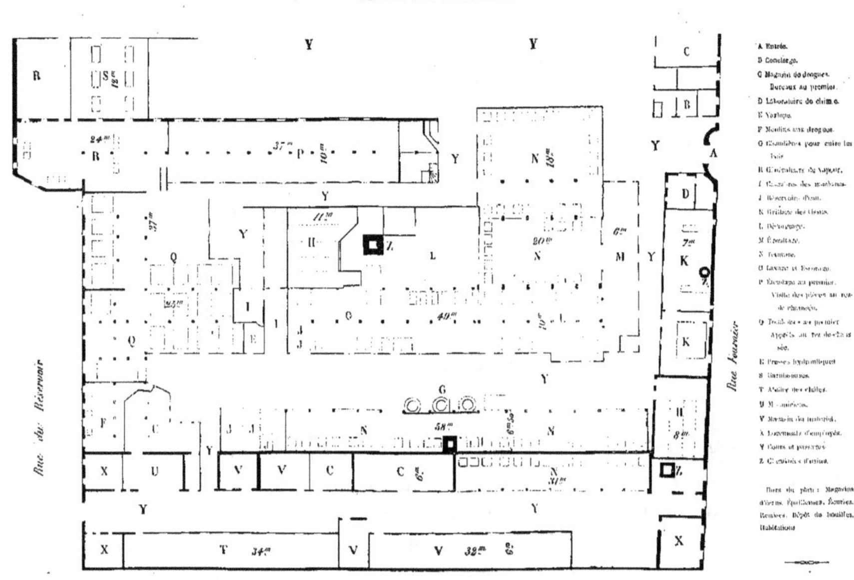

après avoir été examinée à la perche reçoit un numéro d'ordre qui se brode aux deux extrémités. Sur des livres spéciaux destinés aux divers ateliers, on transcrit les numéros d'ordre, en face desquels sont marquées les nombreuses opérations que l'étoffe doit recevoir. Partant du magasin des écrus, la pièce passe successivement aux ateliers du grillage, du dégorgeage, de la teinture, du lavage, de l'étendage, de la visite, de l'épaillage, des tondeuses, des apprêts des presses hydrauliques, enfin les pièces terminées arrivent à la sortie, ou *livraison de la marchandise.*

L'industrie de la teinture, quand elle comprend le traitement complet des étoffes, est une de celles qui demandent le concours du plus grand nombre d'intelligences diverses.

Les tissus passent par tant de mains, tant de machines avant d'être livrés aux consommateurs, qu'il est difficile de comprendre comment il est possible de faire toutes ces opérations pour quelques centimes par mètre.

MAGASIN DES DROGUES

A droite de l'entrée principale de l'usine se trouve le magasin des drogues et matières diverses devant servir à la coloration des étoffes.

Dans plusieurs salles parfaitement agencées, se trouvent rangées et classées par nature et espèce toutes les matières tinctoriales et tous les produits chimiques. — Un employé spécial enregistre l'entrée et la sortie de tous les produits; et chaque mois un inventaire donne la dépense exacte de chaque atelier de teintures et de tous les autres ateliers de l'usine.

A côté du magasin principal se trouve un beau laboratoire installé avec gaz, vapeur, eau et tout ce qui est nécessaire au travail.

Là, tous les produits sont essayés, et les nouvelles découvertes sont appliquées et expérimentées par de jeunes et savants chimistes.

Les principaux agents chimiques employés à Clichy sont :

	Kilog.
Acide muriatique	90,000
— sulfurique	103,000
— nitrique	18,000
— picrique	1,500
Carbonate de soude	180,000
Savon	35,000
Tartre et cri taux de tartre	35,000
Alun et sulfate d'alumine	60,000
Oxymuriate et sel d'étain	19,000
Cyanuro rouge	3,000
Bichromate de fer	25,000
Sulfate de cuivre	34,000
— de fer	9,000
— de soude	64,000

Les principales matières colorantes sont

Carmin et composition d'indigo.	37,000
Cochenille (1)	18,000
Curcuma.	47,000
Orseille	140,000
Bois. { Campêche. Jaune. Rouge. Fustet. }	750,000

Couleurs extraites de l'huile de houille : (Jaune, rouge, violet, bleu, vert, etc.)

Charbon. — 6,000,000 de kilogrammes, soit environ 25,000 kilog. de charbon par jour de travail.

Transformation des matières premières. Autrefois, les teinturiers donnaient à des façonniers leurs matières premières à broyer et à préparer, mais ils ont reconnu que pour être parfaitement sûrs des matières colorantes, ils devaient faire eux-mêmes, dans l'usine, ces diverses transformations.

Ainsi, à Clichy, les bois sont varlopés en copeaux par des machines appelées varlopes, et cuits pour être employés en extraits liquides.

(1) La cochenille a été surtout employée pour les étoffes destinées aux Japonais, qui demandent les couleurs ponceau et violet sur le fond desquelles ils impriment et enlèvent des blancs.

Trois grandes chaudières à feu nu font le service de l'usine ; les cuites de bois de campêche sont coulées dans un grand réservoir

La variope.

en tôle ; les cuites de bois rouge sont envoyées dans de grandes cuves en bois ; les cuites de bois jaune dans de petits réservoirs en bois, et de ces divers réservoirs partent sous terre des tuyaux qui

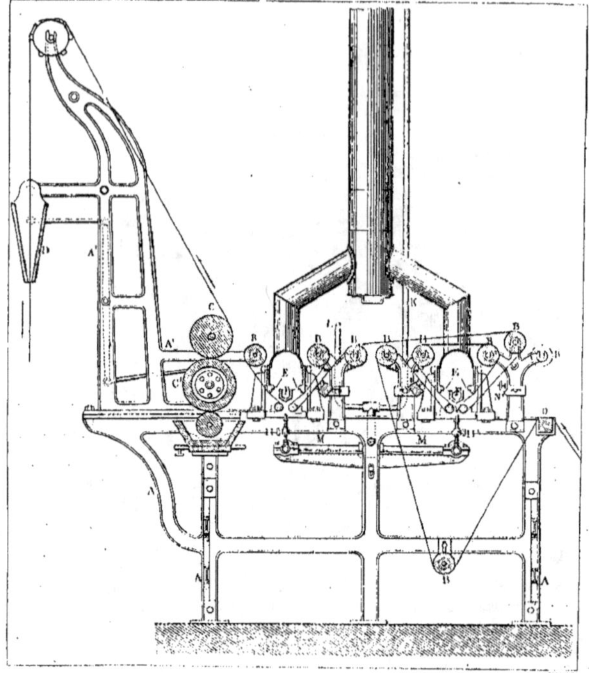

A, bâtis de la machine reliés parallèlement par des entretoises.

A', console supportant les rouleaux d'appel et le plieur.

B, rouleaux de renvoi du tissu au nombre de huit, dont l'un est placé dans le bas des bâtis entre les entretoises.

C, C', rouleaux d'appel du tissu; le rouleau inférieur C' fait 60 tours par minute.

D, plieur mécanique.

E, E, hottes placées au-dessus des lignes de flamme, et communiquant par des coudes avec les cheminées d'appel.

F, F, diviseurs de flamme, disposés au milieu de chaque hotte; des diviseurs partiels s'ajoutent aux extrémités de ceux-ci, suivant le nombre de tubes que l'on allume.

G, G, glissières articulées, servant à intercepter toute communication de l'air extérieur avec les hottes E.

H, H', chandeliers supportant une série de tubes brûleurs horizontaux, placés bout à bout, et formant deux lignes de flamme qui s'étendent sur presque toute la largeur de la machine. Les trous de dégagement du gaz, dans les tubes brûleurs, sont disposés en quinconce.

I, grand ventilateur aspirant, servant à enlever les produits de la combustion.

J, petit ventilateur, introduisant l'air dans les tuyaux d'arrivée du gaz, pour empêcher le mélange avant la combustion; il est mis en mouvement par le grand ventilateur, au moyen d'une poulie à gorge.

K, tuyau dans lequel le ventilateur J envoie de l'air.

L, amorce du tuyau qui amène le gaz.

M, M, tuyaux distributeurs du gaz et de l'air mélangés.

N, N', brosses plates, servant à relever le duvet du tissu au moment de son grillage; elles peuvent être remplacées par des brosses circulaires.

MACHINE A GRILLER DE TULPIN DE ROUEN.

conduisent directement tous les extraits aux divers ateliers de teinture. Aussi sans la moindre main-d'œuvre tous les ateliers sont
approvisionnés.

Nous y avons aussi remarqué un moulin à moudre la cochenille, une machine à broyer les cristaux de tartre, les aluns, etc.,
et des moulins à pulvériser le curcuma.

GRILLAGE

La première opération que subissent les étoffes est le grillage, des-
tiné à enlever tous les petits brins de fils qui, échappant à la tor-
sion, viennent velouter le mérinos et le cachemire et lui enlever
son caractère propre, qui est d'être ras.

La combustion rapide de ces brins, qui se faisait autrefois sur
une plaque de fonte convexe rougie à blanc, s'exécute aujour-
d'hui à l'aide de deux machines; l'une est due à M. Tulpin de
Rouen, et nous en empruntons la description à l'excellent rapport fait par M. Laboulaye à la Société d'encouragement :

« On sait que plusieurs étoffes, les tissus de coton notam-
ment, ont, après le tissage et le blanchiment, leur surface couverte
d'un duvet qui est peu agréable à l'œil et qui gênerait beaucoup
l'impression. On fait disparaître ce duvet en le brûlant, ce qui se
fait soit en passant, avec une vitesse suffisante, l'étoffe sur une surface métallique fortement chauffée, soit en lui faisant traverser une
flamme.

« Ce dernier système, que l'emploi du gaz d'éclairage rend d'un
emploi très-simple, était cependant de plus en plus abandonné
dans ces dernières années, à cause d'un défaut grave qui lui parais-
sait inhérent. Lorsque le tissu progresse au-dessus de la pointe de
la flamme qui brûle le duvet, l'action ne se limite pas assez à la sur-

face; elle s'étend aux filaments placés à l'intérieur de l'étoffe, qui devient plus claire et perd de sa valeur marchande.

M. Tulpin a heureusement obvié à cet inconvénient en employant, non plus le dard de la flamme, mais sa partie latérale, qu'il fait raser par le tissu. Son appareil, disposé pour répéter deux fois, à volonté, l'opération sur un même côté; où la fixité de la flamme est obtenue par l'action d'un ventilateur aspirant les produits de la combustion, et d'un petit ventilateur envoyant de l'air pour le mélanger au gaz en assez grande quantité pour brûler bleu, de manière à donner, comme dans le brûleur de Bunsen, de la chaleur plutôt que de la lumière, et à éviter toute la fuliginosité susceptible de noircir l'étoffe, est complétement adopté aujourd'hui par l'industrie, comme satisfaisant à toutes les conditions qu'il y avait à remplir. »

DÉGORGEAGE

$$\text{La laine qui a pour composition} \begin{cases} \text{Carbone} & 50,563 \\ \text{Hydrogène} & 7,029 \\ \text{Azote} & 17,710 \\ \text{Oxygène et soufre} & 24,008 \end{cases}$$

a donné naissance à trois grandes spécialités de tissus : *Tissus foulés et drapés* (laines fibres courtes pour la carde); *Tissus légers et ras non foulés* (laines fibres longues préparées au peigne) : *Tissus mixtes* (laines fibres longueur intermédiaire, cardées peignées).

Nous nous occuperons principalement et spécialement des tissus légers et ras non foulés. (Laines fibres longues préparées au peigne.)

Grâce à toutes les machines nouvelles, la transformation des matières premières en fils et la transformation des fils en tissus de toute espèces, unis ou façonnés, sont maintenant choses élémentaires.

Le Grillage.

Aussi nos fabricants de tissus de laine doivent-ils principalement le grand accroissement de la consommation de leurs divers produits (1) aux perfectionnements des cardes, des peigneuses, des Mull-Jenny, des Self-Acting, des métiers continus, des métiers doubleurs, des métiers à retordre, des ourdissages, des encollages mécaniques et des métiers à tisser mécaniquement.

Tous ces perfectionnements et la suppression des droits à l'entrée sur les matières premières, ont eu pour résultat la production à bon marché; des produits considérés naguère comme objets de luxe, sont devenus de première nécessité; et nos ouvriers, vêtus de laine hiver et été, sont beaucoup moins exposés aux maladies.

Seulement, il ne suffit pas d'inventer des machines pour produire des tissus de variétés innombrables. Ces tissus, il faut les teindre ou les imprimer en nuances diverses, aussi pures que possible, flattant l'œil de l'acheteur. La grande consommation des tissus est due au goût, à la perfection de leurs dessins et de leurs impressions.

Avant la teinture, plusieurs opérations sont indispensables; elles sont connues sous le nom général de dégorgeage.

Ces opérations ont pour but d'enlever, à l'aide d'agents convenablement choisis, toutes les matières étrangères aux matières textiles et de détruire les matières colorant les tissus ou nuisibles à la teinture.

Le dégorgeage comprend plusieurs opérations.

La première est une conséquence de l'encollage mécanique.

L'encollage mécanique est nécessaire pour le tissage mécanique. En effet, pour tisser mécaniquement, pour faire supporter aux fils des

---

(1) Si l'on avait dû faire à la main tout le filé de coton que fabrique l'Angleterre en une année, au moyen de ses métiers Self-acting, qui portent jusqu'à 1,000 broches, il aurait fallu jusqu'à 94 millions d'hommes, soit la totalité de la population de la France, de l'Angleterre et de la Prusse réunies.   (MICHEL CHEVALIER.)

On évalue à 12 milliards de francs la production annuelle, en Europe, de l'industrie textile (coton, laine, soie, lin, chanvre-jute).   (MICHEL CHEVALIER.)

« Si les manufactures de soie, laine et fil sont celles qui servent le plus à entretenir et à faire valoir le commerce, la teinture qui leur donne cette belle variété de couleurs qui les fait aimer et imiter ce qu'il y a de plus beau dans la nature, est l'âme, sans laquelle ce corps n'aurait que bien peu de vie. »   (COLBERT, 1672.)

tensions plus fortes que celles nécessaires au tissage à la main, il a fallu donner momentanément aux fils une force factice. Cette force on l'obtient en fixant aux chaînes du tissu, à l'aide de grands métiers, une certaine quantité de gélatine. Cette gélatine produit deux effets : elle donne de la force, et de plus elle empêche les fils d'adhérer les uns aux autres, ce qui facilite beaucoup l'opération du tissage.

Après le tissage, cette gélatine devient inutile, et comme elle est nuisible en teinture, il faut absolument l'enlever.

La première opération du dégorgeage s'appelle le désencollage; elle consiste à faire passer les pièces dans des bains d'eau chaude, dont la chaleur varie suivant la nature des tissus.

La pièce désencollée, on la dégorge.

Pour le dégorgeage trois opérations sont nécessaires : le savonnage, le rinçage et l'enroulage.

Le savonnage comprend deux opérations : La première, bain de savon et de carbonate de soude à 30 degrés de chaleur, a pour but de saponifier les matières grasses et insolubles et de les rendre solubles pour qu'au rinçage elles puissent être entièrement entraînées par l'eau à 35 degrés de chaleur.

La deuxième opération, bain de carbonate de soude de 35 à 40 degrés de chaleur, doit dissoudre et extraire des tissus le savon et toutes les matières grasses.

Le rinçage ou lavage à grande eau est l'opération indispensable pour séparer des tissus les produits alcalins qui proviennent des diverses opérations du dégorgeage.

L'enroulage est un apprêt humide qu'on fait subir aux tissus pour effacer tous les plis avant la teinture.

Machine à dégorger.

TEINTURE

L'art de la teinture, qui a pour objet d'opérer uniformément l'union des matières colorantes avec les tissus, est presque aussi ancien que le monde, et bien que fondé en entier sur les lois de la chimie, il a préexisté à cette science: on teignait les étoffes, on fabriquait du savon, on soudait, on fondait, on faisait du verre et des émaux bien avant la constitution de la science; mais tous ces arts marchaient sans règles fixes, par une sorte de tradition routinière et au moyen de pratiques empiriques.

L'origine et le progrès des industries anciennes sont toujours marqués au sceau du hasard ; on a commencé par agir, la théorie est venue ensuite. Quinze cents ans avant l'ère chrétienne, Moïse indiquait dans la *Genèse* que « Thamad étant sur le point d'accoucher, étant enceinte de deux enfants, l'un des deux passa sa main, à laquelle la sage-femme lia un ruban *écarlate*. » Énumérant dans l'*Exode* les présents qu'on doit réserver pour le Seigneur, il dit encore : « De l'hyacinthe, de la pourpre, de l'écarlate teinte deux fois, du fin lin, des poils de chèvre, des peaux de mouton teintes en rouge, et d'autres teintes en violet. » A un autre endroit : « Béséléel eut pour compagnon Oliab, qui savait aussi travailler excellemment en étoffes, tissus de fils de différentes couleurs, et en broderies d'hyacinthe, de pourpre et de fin lin. »

Les villes de Milet, Sidon, Tyr, furent renommées pour leurs teintures, et Tyr surtout pour la pourpre, qui était tirée d'un mollusque vivant dans la Méditerranée.

Strabon, cent ans avant J.-C., parle de l'Inde comme d'un pays fournissant plusieurs belles couleurs; des momies égyptiennes ont été trouvées entourées de bandelettes bleues, et le rouge d'Andrinople, obtenu par la garance, paraît être très-ancien.

Homère et Hésiode ont laissé sur les idées des anciens, par

rapport à la teinture, des indications très-intéressantes : porter un vêtement de couleur était encore, à cette époque, un des attributs des grands, rois ou dieux. Le rouge, surtout celui de la pourpre, était réservé par Moïse pour l'ornement du tabernacle et pour le costume du grand-prêtre; c'était aussi la couleur consacrée à Jupiter.

Les dieux et les déesses avaient tous leurs couleurs spéciales : Neptune était indiqué par le vert bleuâtre; le bleu foncé ou le violet était consacré à Apollon; le vert éclatant à Cybèle; le bleu céleste à Junon; le jaune à Cérès; à Minerve la couleur de feu, à Vénus le jaune doré.

Il ne s'ensuit pas cependant de ce que les anciens savaient teindre, que cet art fût très-perfectionné chez eux, et surtout qu'il fût très-répandu. Le prix des étoffes colorées était toujours très-élevé et les ingrédients de teinture bornés à un très-petit nombre de matières : les mollusques, l'orcanette, le sang des oiseaux, les fucus, le genêt, la violette, la luzerne, l'écorce de noyer, la garance, la noix de Galles, le vouède, le sulfate de fer et de cuivre, tel qu'on le trouvait dans la nature.

Plus tard, on se servit encore de la graine d'une espèce de vigne sauvage, et la gamme des couleurs augmenta tellement, qu'Ovide, dans le livre III de l'*Art d'aimer*, les compare aux fleurs du printemps.

Dans les jeux du cirque, les conducteurs des chars étaient partagés en quatre sections, distinguées chacune par une couleur. Il y avait le *facto-alba* ou *albata*, les blancs; *russata*, les rouges; *veneta*, les bleus; *persica*, les verts. Sous Domitien, on en ajouta deux autres : *aurata*, les dorés; *purpurea*, les pourpres.

Il est probable qu'un grand nombre d'essais plus ou moins réussis ont été faits dans ces temps anciens; mais comme, à cette époque, l'art d'écrire, connu d'un petit nombre de personnes, était absolument étranger aux gens de profession, — ces découvertes, comme la plupart des données industrielles avant l'imprimerie, ont été absolument perdues pour l'humanité, qui a été forcée de remonter sans cesse son rocher de Sisyphe.

Déjà, dans l'Inde, par des traditions non scientifiques, on teignait le coton, la laine et la soie avec la perfection et l'originalité particulières encore si appréciées aujourd'hui dans les étoffes qui viennent de ce pays.

Pendant les douze premiers siècles de l'ère chrétienne, les notions particulières à la teinture semblent disparaître : le retour des croisades amena de Syrie, avec tant d'autres arts, le goût de colorer les étoffes ; quelques matières nouvelles favorisant les opérations, soit comme mordant, soit comme teinture même, furent rapportées de Syrie. L'alun dit de Roche, parce qu'il fut trouvé auprès de la ville de ce nom, fut l'une des plus utiles de ces matières. En 1300, le hasard fit trouver l'orseille, et bientôt la découverte du Nouveau-Monde nous fit connaître le bois du Brésil, le campêche, le rocou, la cochenille. L'indigo, apporté des Indes Orientales par les Hollandais, fut mal reçu par les industriels et par les gouvernements européens (1).

Ce fut sous François Ier que Gilles Gobelin fonda, à Paris, le premier établissement pour les teintures en laine ; mais ce n'est qu'en 1669 que Colbert, ce grand ministre, fit publier les premiers documents sur cette grande industrie.

Nous ne sommes plus au temps où chacun avait son procédé plus ou moins empirique. Aujourd'hui la lumière luit pour tous ceux qui veulent apprendre. L'art de teindre, par les connaisances très-variées qu'il implique, par les études spéciales qu'il nécessite en chimie, en physique et en mécanique, est devenu une science exacte, précise et d'une application beaucoup plus facile, due principalement aux merveilleuses couleurs extraites de l'huile de houille rouge, violet, bleu, vert, noir, etc.)

Nous devons tous ces progrès à la chimie, cette jeune science qui a déjà rendu de si grands services à l'humanité ; à nos savants pro—

____

(1) En Europe, en 1338, l'Italie possédait exclusivement l'art de la teinture. On comptait, à Florence, 200 manufacturiers qui, dit-on, fabriquaient 70,000 à 80,000 pièces de drap. (BERTHOLLET).

fesseurs qui ont compris que pour le bien de l'humanité la science ne devait pas, comme autrefois, se renfermer dans des abstractions, mais devenir, au contraire, l'alliée indispensable de l'industrie.

Depuis vingt ans (1), grâce à toutes les découvertes, les établissements de teinture se sont transformés et perfectionnés. Le travail manuel (2) a été remplacé par des transmissions mécaniques.

Depuis le traité de 1860, qui a inauguré une nouvelle politique commerciale, l'industrie de la teinture s'est sentie animée d'une vie nouvelle.

On comprendra sans peine ce progrès rapide en se rappelant qu'en 1859 il existait encore, en France, certains produits chimiques protégés au delà de leur valeur.

Exemples :

Acide sulfurique, prix : 16 fr. les 100 kilos. Droit protecteur : 41 fr.
Acide nitrique,　　—　　48　　　　—　　　　　　—　　90
Acide muriatique, —　　9　　　　—　　　　　　—　　62

Voici un autre tableau qui démontrera, sans qu'il soit besoin de commentaires, les effets du traité de commerce.

(1) COMMERCE spécial.		TISSUS DE LAINE.	
		Exportation	Importation
Restauration.	1827	26 millions	Prohibés
Gouvernement de Juillet. . .	1846	108　　»	»
République.	1851	114　　»	»
	1856	184　　»	»
Empire.	1859	180　　»	»
	1862	221　　»	41　millions
	1868	253　　»	55　　»

(2) En 1863, en France, le nombre des machines à vapeur s'élevait à 22,516, représentant une force de 617,890 chevaux vapeur, ou de 1,853,670 chevaux de trait, ou encore 12,975,690 d'hommes de peine, c'est-à-dire supérieure à celle de tous les hommes en état de travailler qui existent dans le pays. (Béric, ministre.)

(Rapport sur les machines à vapeur).

TABLEAU COMPARATIF DES PRIX DE QUELQUES PRODUITS CHIMIQUES
EN 1859 ET EN 1867.

PRODUITS	EN 1859 les 100 kilos.		EN 1867 les 100 kilos.	
Acide muriatique.	11 fr.	»	6 fr.	»
— sulfurique 66°.	17	»	11	»
— nitrique.	47	»	38	»
Cristaux de soude.	26	»	17	»
Sel de soude.	52	»	38	»
Sulfate de soude.	18	»	12	»
Bichromate de potasse	237	50	135	»
Oxymuriate d'étain.	170	»	110	»
Prussiate de potasse.	390	»	290	»
Sulfate de cuivre.	87	«	72	»

Par l'abaissement des tarifs, par la suppression des droits à l'en—
trée sur les matières premières et par l'aiguillon de la concurrence
étrangère, le traité de commerce a délivré l'industrie des entraves
qui retenaient son essor et l'empêchaient de produire à bon
marché.

L'art de teindre est aujourd'hui une science exacte. On connaît
parfaitement l'affinité des matières colorantes pour les tissus. Cette
affinité est plus grande pour les matières animales (laines, soie)
que pour les matières végétales (coton, chanvre, etc.)

Exemple, presque toujours : La laine se teint au bouillon, la soie
à tiède, le coton à froid. Le mordant spécial pour. la laine est le
sulfate d'alumine; pour la soie, l'alun; et pour le coton, l'acétate
d'alumine.

*Teindre, c'est opérer uniformément l'union des matières colo-
rantes avec les tissus.*

Les couleurs peuvent se classer en simples, composées, claires
ou foncées ; les principales matières colorantes (cochenille, garance,
sulfate et carmin d'indigo, campêche, Brésil, bois jaune, fustet,
curcuma, orseille, etc.), employées seules, ont peu d'affinité pour
les tissus de laine et encore moins de stabilité.

Il a donc fallu trouver le moyen de fixer les couleurs sur les tissus, de donner à ces couleurs de l'éclat et de l'intensité, et de les rendre durables. On a été obligé d'avoir recours à certains sels solubles minéraux ou organiques, qui ont la propriété de se fixer énergiquement sur les matières textiles, d'attirer à eux les matières colorantes, et de former avec elles des laques insolubles.

Ce moyen s'appelle *le mordançage des tissus*.

Les mordants sont de deux sortes : incolores ou colorés.

Les mordants incolores sont : l'alun, le sulfate d'alumine, le bisulfate de soude, le bitartrate de potasse, les sels d'étain, etc.

Les mordants colorés sont : le sulfate de fer, le sulfate de cuivre, le bichromate de potasse, etc.

L'application des mordants a lieu directement ou séparément. Directement, toutes les fois qu'on teint dans un bain composé de mordants et de matières colorantes ; séparément, quand on passe les tissus dans les bains de mordant avant de les soumettre aux bains de teinture.

Les acides ne peuvent servir de mordants ; ils facilitent l'entière dissolution des matières colorantes. Nos principaux mordants sur tissus de laine seront toujours l'alumine et l'oxyde d'étain, en raison de leur grande affinité pour les tissus et pour les matières colorantes, et de leur peu d'adhérence pour les acides.

Deux qualités sont essentielles en teinture sur tissus de laine : le tranché et l'unisson.

Le *tranché*. Pour qu'une pièce soit dite bien tranchée, il faut qu'après l'opération du lavage, soit à la rivière, soit à la mécanique, la couleur n'ait été ni altérée, ni enlevée.

L'*unisson*, ou application uniforme de la couleur sur un tissu, s'obtient non-seulement à raison de mordants bien choisis et spéciaux, mais surtout à l'aide d'une aération spéciale et continue.

Tout le monde sait que l'oxygène de l'air, en présence de la lumière, est le principal agent de coloration.

En teinture : pour colorer ou pour opérer uniformément l'union des matières colorantes avec les tissus, l'oxygène de l'air est seul nécessaire ; sans lui, les tisssus sont barbouillés, ils ne sont pas teints uniformément.

Seulement, pour teindre, un des deux corps devant être liquide, on a été amené à employer de grands baquets contenant 1,500 à 1,800 litres d'eau (1); ces baquets sont chauffés par la vapeur à l'aide de serpentins en cuivre. Dans ces 1,500 litres d'eau légèrement acide, chauffée au bouillon, on fait dissoudre la matière ou les matières colorantes, et on obtient ce qu'on nomme un bain de teinture.

Le bain de teinture parfaitement préparé, on peut croire qu'il suffit d'y plonger le tissu. La pratique et ensuite la sience nous ont appris qu'il fallait opérer autrement. En effet, pour teindre uniformément, il faut aérer le tissu; on a eu recours à un moyen bien simple. Au-dessus de chaque baquet, on a mis à 80 centimètres de hauteur, un tour de la même largeur que le baquet. Le bain chauffé au bouillon, la matière colorante étant bien dissoute, on entre le tissu, et le tour mis en mouvement par un moyen mécanique, appelle la pièce plongée dans le bain; aussi à de nombreuses reprises se trouve-t-elle exposée à l'action de l'oxygène de l'air, action indispensable pour fixer uniformément la couleur et obtenir l'unisson.

Il existe en teinture une autre difficulté, l'échantillonnage.

Exemple : Les pièces sont ordinairement teintes par deux ou par quatre (on met généralement de deux à trois heures pour mordancer les pièces et une heure pour les teindre). Étant données 100 pièces ou 10,000 mètres de tissu pour le même échantillon, il faut que les contre-maîtres soient assez habiles, assez expérimentés pour teindre ces 10,000 mètres identiquement semblables, en les faisant par deux pièces soit par 200 mètres.

A Clichy, on fait toutes les couleurs et le grand principe de la

____

(1) En 1850, on employait encore les chaudières à feu nu.

L'usine des bois.

division du travail est mis en pratique sur une large échelle, chaque couleur a son atelier spécial et son contre-maître; ce qui explique la perfection de toutes les nuances exécutées.

Chaque atelier porte le nom de sa couleur :

1. Atelier des couleurs fines.
2.   —   des noirs.
3.   —   des verts.
4.   —   des couleurs claires.
5 et 6.   —   des couleurs foncées.
7.   —   des bleus de France.
8.   —   des couleurs extraites de l'huile de houille.

ATELIER DES COULEURS FINES

NOMS DES COULEURS.	MORDANTS ET MATIÈRES COLORANTES.	
Ponceau	Cristaux de tartre.	Cochenille.
Cramoisi	Acide oxalique.	Cochenille ammoniacale
Jaune.	Composition d'étain.	Bois de fustet.
Orange	—	Quercitron.

Cochenille. — Originaire du Mexique, découverte en 1518, la cochenille arrive en France sous la forme de grains rouges desséchés (en sacs de 70 kilogrammes).

La cochenille fut pour l'Espagne une des richesses que lui procura la découverte de l'Amérique; longtemps elle en garda le monopole.

Importée aux îles Canaries en 1827, elle n'y est cultivée que depuis 1833.

Pendant plusieurs siècles, on a cru que la cochenille était une substance végétale, parce que cet animal a des pattes si petites qu'il peut à peine se mouvoir et qu'il vit presque immobile sur le cactus nopal.

La récolte se fait dans des paniers de paille, on étouffe les cochenilles dans des étuves, puis on les fait sécher au soleil.

On reçoit en France 3 principales espèces de cochenilles,

Honduras. . . Cochenille noire ou zacatille.
Cochenille grise.
Mexique. . . . . — grise et zacatille.
Canaries. . . . . — noire et argentée.

La matière colorante se nomme carmine ; elle fournit la plus belle couleur rouge.

L'importation moyenne des arrivages de cinq années est de :

Londres. . . . . 22,000 sacs.
Liverpool . . . . 10,000 »
France . . . . 10,000 »
42,000 sacs.

Soit 2,940,000 kilos (1 sac pesant 70 kilos). Prix moyen, 10 fr. le kilogramme, soit 29 millions de francs.

Cochenille ammoniacale. — Mettez un kilogramme de cochenille en poudre avec 4 kilogrammes d'ammoniaque, laissez macérer le tout pendant quinze jours, faites évaporer l'ammoniaque, vous obtiendrez deux kilogrammes de cochenille ammoniacale en pâte.

Cette composition, dissoute dans de l'eau bouillante, donne la magnifique couleur cramoisie, remplacée aujourd'hui par le Magenta (couleur extraite de l'huile de houille).

Garance, une de nos riches matières colorantes, plante vivace cultivée en Europe, en Asie, en Afrique. Sa racine, desséchée et pulvérisée, fournit une matière colorante rouge, aussi riche que la matière colorante bleue extraite de l'indigofera.

Le rouge sur coton, ou rouge d'Andrinople, connu au temps d'Alexandre le Grand, est resté le secret des teinturiers du Levant jusqu'au milieu du dix-huitième siècle; le procédé ne fut connu à Rouen qu'en 1760.

Kermès, ou graine d'écarlate, insecte vivant sur le chêne vert; la couleur du kermès est rouge violacé; avec alun et tartre elle devient rouge brun.

Fustet. — Cet arbuste croît dans l'Albanie; son bois renferme une matière colorante jaune; on s'en sert surtout pour modifier les couleurs.

Quercitron. — Écorce pulvérisée du *quercus tinctoria* ou chêne quercitron de l'Amérique du nord; riche matière colorante jaune : d'après Chevreul, cette matière colorante contient beaucoup de tannin, un principe colorant rouge, un principe brun et une matière jaune soluble dans l'eau.

Les *couleurs fines* étaient connues des Orientaux; leur grand éclat les faisait rechercher pour les Souverains et les chefs. A Rome, la couleur pourpre ne pouvait être portée que par les membres de la famille impériale.

Les anciens savaient teindre en écarlate, en pourpre et en rouge. Pour faire ces couleurs ils employaient le kermès et la garance; la découverte de la cochenille ne date que du commencement du seizième siècle.

La fixation sur laine de la couleur rouge, extraite de la cochenille à l'aide de la composition d'étain, date de 1563; elle fut une des grandes découvertes de l'art de la teinture. A cette époque, on reconnut que de tous les sels, le sel d'étain était celui qui avait la plus grande affinité pour les tissus de laine, et que sa base blanche donnait aux laques qu'il forme dans les tissus avec les matières colorantes, de l'éclat, du brillant et une grande stabilité.

En France, nous devons le secret de la teinture en écarlate à Gilles Gobelin, qui fonda au seizième siècle, sur la rivière de Bièvre, son établissement pour la teinture des laines (1).

Autrefois, chacun avait sa composition d'étain, chaque recette produisait des nuances différentes. Au seizième siècle, on employait l'eau-forte (espèce d'acide nitro-muriatique); aujourd'hui, on emploie simplement de l'acide nitrique à 36 degrés, étendu d'eau; on y fait dissoudre lentement de l'étain très-pur, on ajoute un peu de chlorure de sodium et on a une excellente composition d'étain.

Application. — Dans un grand baquet et pendant deux heures faites bouillir six pièces avec du bitartrate de potasse et de la composition d'étain. Le lendemain, lavez ces pièces à l'eau froide, pour enlever le mordant non combiné, puis plongez-les dans un bain de teinture, au bouillon, dans lequel vous aurez fait dissoudre de la cochenille parfaitement pulvérisée, et vous êtes certain d'obtenir de remarquables ponceaux. Si vous voulez obtenir un ton plus chaud, un ton feu, ajoutez dans votre bain de teinture un sac de bois de fustet.

JAUNES, MAÏS, BOUTONS D'OR, ORANGES. — Ces couleurs s'obtiennent directement dans des bains de teinture composés de mordants et de matières colorantes. Les mordants sont : composition d'étain et bitartrate de potasse, les matières colorantes : cochenille en poudre très-fine et bois de fustet en sac (proportion plus ou moins grande suivant les nuances).

Pour le bois de fustet, la matière colorante ne s'extrait pas au préalable par décoction. Le bois de fustet est varlopé en petits copeaux, on l'enferme dans des sacs en toile, les sacs sont mis dans le bain de teinture, et, suivant l'intensité de la nuance demandée, on les y laisse plus ou moins longtemps.

____

(1) ...Fut faict le ruisseau Saint-Victor, auquel Goubelin teinct l'escarlate. (RABELAIS)

ATELIER DES NOIRS

NOMS DES COULEURS.	MORDANTS ET MATIÈRES COLORANTES.	
Noir ordinaire.......... — bleu.............. — vert............. — foncé.	Acide chlorhydrique. Sulfate de fer. Sulfate de cuivre. Bichromate de potasse. Bitartrate de potasse.	Campêche. Bois jaune. Curcuma. Sumac.

Bois de teinture. — Dans certaines contrées de la zône torride existent des arbres contenant dans leurs cellules diverses matières colorantes; ces arbres s'appellent bois de teinture.

Nous les recevons en bûches d'environ quarante kilogrammes.

Pour extraire la matière colorante, les bûches sont transformées en copeaux à l'aide d'une machine appelée varlope. Les couleurs s'extraient facilement par décoction, selon la nature du bois; la couleur est rouge foncé, rouge clair, jaune, etc.

Les principaux bois de teinture sont : le bois d'Inde, le bois de Brésil et le bois jaune.

Bois d'Inde ou ⎰ Bois de Campêche. ⎱   On le tire principalement
⎰ Bois de Carmen. ⎱   du Mexique, où il croit en
⎰ Bois d'Haïti. ⎱   abondance.

Ces bois sont très-riches en une couleur rouge foncée, connue sous le nom d'hématine.

Bois jaune ⎰ Cuba. ⎱   Ces arbres croissent aux
⎰ Tampico. ⎱   Indes, aux Antilles, dans
⎰ Tuspan. ⎱   l'Amérique méridionale.

Noir. — Couleur composée (bleu, rouge, jaune).

Noirs grand teint. — (Bleu de cuve, bruni ou avivé avec tartre, sulfate de fer, sulfate de cuivre et campêche).

Noirs ordinaires. — Ces noirs s'obtiennent en mordançant au préalable les pièces, soit au tartre, au sulfate de fer et au sulfate de cuivre, soit au bichromate de potasse, et en les lavant le lendemain à l'eau froide, pour empêcher le mordant non combiné d'altérer le bain de teinture. Pour les teindre à l'échantillon demandé (noirs bleus, foncés ou verts), on passe les pièces déjà mordancées dans des bains de teinture composés de décoctions de bois de campêche plus ou moins fortes, ou de décoctions de bois de campêche et de bois jaune.

La teinture des tissus noirs est une des preuves qu'avec la même matière colorante, en variant les mordants ou les acides, on peut obtenir des nuances différentes. Exemple : l'hématine (matière colorante rouge foncé, extraite du bois de campêche).

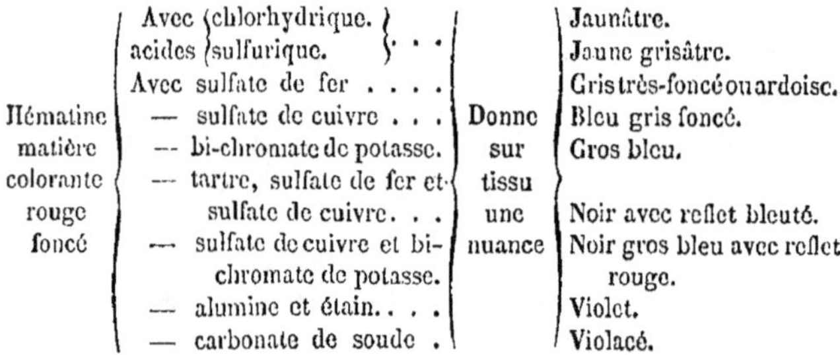

	Mordants	Résultat
Hématine matière colorante rouge foncé	Avec acides { chlorhydrique. } { sulfurique. }	Jaunâtre. / Jaune grisâtre.
	Avec sulfate de fer	Gris très-foncé ou ardoise.
	— sulfate de cuivre . . .	Bleu gris foncé.
	— bi-chromate de potasse.	Gros bleu.
	— tartre, sulfate de fer et sulfate de cuivre. . .	Noir avec reflet bleuté.
	— sulfate de cuivre et bi-chromate de potasse.	Noir gros bleu avec reflet rouge.
	— alumine et étain.. . .	Violet.
	— carbonate de soude .	Violacé.

(Donne sur tissu une nuance)

ATELIER DES VERTS

NOMS DES COULEURS.	MORDANTS ET MATIÈRES COLORANTES.	
Verts clairs Verts foncés. Verts lumière. Verts malachite.	Sulfate d'alumine. d° de soude.	Sulfate d'indigo. Carmin d'indigo. Bois jaune. Acide picrique.

Indigo. — Cette matière colorante bleue nous vient des contrées tropicales.

Connue des teinturiers indiens, elle fut apportée à Marseille, en 1228, sous le nom de Bagdad.

Moulin à cochenille.

En faisant macérer et fermenter les feuilles de l'indigofera on obtient une matière bleue ; ce produit étant bien lavé, on le moule en pains ou en tablettes et on le fait sécher. Depuis plusieurs siècles, cette riche couleur bleue est expédiée au monde entier sous les

Machine à broyer le tartre et l'alun.

noms d'indigo de Bengale, de Java, de Surate, de Bombay, de
Manille, de Guatemala, etc.

$$\text{Production moyenne} \begin{cases} \text{Bengale-Madras.} \ldots & 3,500,000 \\ \text{Java.} \ldots \ldots \ldots & 550,000 \\ \text{Amérique centrale .} & 300,000 \\ \text{Autres provenances .} & 100,000 \end{cases} 4,450,000 \text{ kilog.}$$

$$\text{Consommation maximum des teintureries du monde entier.} \Big\} \ 4,500,000 \text{ kilogrammes.}$$

Prix moyen : 22 fr. le kilogramme, soit 99 millions de francs.

Heureusement, nous ne sommes plus au temps où cette riche matière colorante était prohibée ; lorsque Henri IV sacrifia l'intérêt général à l'intérêt particulier, en édictant, en 1609, la peine de mort contre quiconque emploierait cette matière, et cela uniquement pour protéger les riches fabriques de Pastel du Languedoc.

A cette même époque, en Angleterre, et par acte du Parlement, l'indigo était interdit comme poison.

C'est grâce à ces prohibitions absurdes, en France et en Angleterre, qu'au dix-septième siècle la Hollande dut son grand commerce et les immenses fortunes de ses armateurs.

Aussi, à Amsterdam, avec la liberté du commerce, l'indigo, la cochenille, les bois de teinture et toutes les matières colorantes se donnèrent rendez-vous. Au seizième siècle, la Hollande était déjà renommée pour ses teintures sur draps en noir, en bleu, en écarlate, et l'Angleterre était obligée d'y envoyer ses draps en blanc pour être teints et réexportés. Malheureusement pour nos grandes industries de teintures, ce fut seulement en 1737 que l'indigo put entrer librement en France.

Application. — Si vous mettez dans une cuve pleine d'eau de l'indigo, un sel désoxydant et un alcali, cet indigo se dissout et redevient à l'état incolore où il se trouve dans les feuilles de l'indigofera.

Cette propriété spéciale à la couleur bleue, extraite de l'indigo, de devenir incolore, et, exposée à l'action de l'air, de reprendre immédiatement sa couleur bleue, a donné naissance à une grande industrie (teintures des draps grand teint ou bleus de cuve).

Pour les tissus légers, on se sert peu du bleu de cuve ; on emploie le sulfate et le carmin d'indigo.

Sulfate d'indigo.—L'indigo bleu ou oxydé, insoluble dans l'eau, était une couleur inutile pour le teinturier. En 1740 (1), en Saxe, le conseiller Barth eut l'idée de le réduire en poudre très-fine et de le faire macérer dans l'acide sulfurique (soit 1 kilo d'indigo pulvérisé dans 6 kilos d'acide sulfurique). Cette composition, soluble dans l'eau, s'applique facilement sur la laine, mais elle donne des bleus noirs, à cause du rouge, du brun et du gluten contenus dans l'indigo.

Carmin d'indigo.—Le sulfate d'indigo étant un mélange de bleu, de rouge et de brun, pour obtenir du bleu pur, il a fallu le faire dissoudre dans 80 parties d'eau et le filtrer, puis le précipiter par une dissolution de sel marin, le filtrer à nouveau, prendre la pâte sur les filtres et la laver à plusieurs reprises. Alors on obtient une pâte bleue soluble dans l'eau, appelée carmin d'indigo ou sulfo-indigotate de soude.

Acide picrique. — L'acide phénique, traité par l'acide nitrique, donne une riche couleur jaune appelée l'acide picrique, et appliquée en teinture pour la première fois, à Lyon, en 1847.

Verts. — Pour ces couleurs, on emploie comme mordant le bi-sulfate de soude. Autrefois, les verts se faisaient avec le bois jaune et le carmin d'indigo ; depuis la découverte de l'acide picrique, cet acide a remplacé le bois jaune et donne des couleurs vertes dont les nuances sont beaucoup plus vives

ATELIER DES COULEURS CLAIRES

NOMS DES COULEURS.	MORDANTS ET MATIÈRES COLORANTES.	
Bleus de ciel. Gris. Modes ou fantaisies.	Cristaux de tartre. Sulfate d'alumine. Sulfate de soude.	Carmin d'indigo. Orseille. Bois jaune. Cochenille ammoniacale.

(1) Girardin, *Chimie élémentaire*.

Bleus de ciel. — Combinaison du sulfo-indigotate de soude avec les tissus. En ajoutant de la cochenille ammoniacale au carmin d'indigo, on obtient des gris très-variés.

Modes ou fantaisies. — Ces nuances varient à l'infini; elles sont le résultat de la combinaison : du rouge (cochenille ou orseille), du bleu (carmin d'indigo), du jaune (bois jaune ou curcuma).

Pour ces nuances, les mordants se mettent dans le bain de teinture en même temps que les couleurs.

ATELIER DES COULEURS FONCÉES

NOMS DES COULEURS.	MORDANTS ET MATIÈRES COLORANTES.	
Bronze.	Tartre.	Campêche.
Aventurine.	Sulfate d'alumine.	Orseille.
Marron.	Oxymuriate d'étain.	Brésil.
Brun.	Carbonate de soude.	Curcuma.
Grenat.		Bois jaune.
		Sulfate d'indigo.

Bois de Brésil ou
$$\left\{ \begin{array}{l} \text{Bois de Fernambouc.} \\ \text{Bois de Sainte-Marthe.} \\ \text{Bois de Lima.} \\ \text{Bois de Bahia.} \end{array} \right\} \text{Selon les pays de provenances.}$$

Ces bois contiennent une matière colorante jaune, très-soluble dans l'eau, appelée brésiline.

Curcuma
$$\left\{ \begin{array}{l} \text{Bengale.} \\ \text{Coromandel.} \\ \text{Java.} \end{array} \right\} \text{Matière colorante jaune orangé.}$$

Le curcuma, racine d'une plante tropicale, donne une matière colorante jaune orangé. Nous le recevons en racines; on le réduit

en poudre à l'aide de meules ; il s'emploie directement dans les
bains de teintures.

ORSEILLE. — Remarquable couleur violet rouge ; les acides la
font tourner au grenat et au rouge foncé. En 1300, un négociant
de Florence fit par hasard la découverte de l'orseille : il avait remarqué que l'urine donnait une belle couleur à une espèce de mousse ;
il fit des tentatives et apprit à préparer l'orseille ; pendant longtemps
il tint cette découverte secrète. (Rapport de Dominique Manni.)

Couleurs foncées. — Toutes ces couleurs sont le résultat du mélange des diverses matières colorantes (sulfate et carmin d'indigo,
orseille, curcuma, bois jaune, bois de Brésil, bois de Campêche, etc.).
Les nuances varient à l'infini, suivant la proportion plus ou moins
grande de matières colorantes employées.

Les matières colorantes ayant peu d'affinité pour les tissus de
laine, on a été forcé d'avoir recours aux mordants, qui sont devenus
le trait d'union entre les fils des tissus de laine et les matières colorantes. Aussi pour obtenir de bonnes et belles nuances foncées, des
nuances chaudes, veloutées et intenses, faut-il mordancer les tissus,
avant la teinture, avec tartre, sulfate d'alumine et oxymuriate
d'étain.

Pour les grenats (couleur simple due à la matière rouge extraite
du bois du Brésil), il faut mordancer les tissus, seulement au tartre
et au sulfate d'alumine ; et pour que les grenats soient très-vifs et
très-variés, après teinture, on les avive soit avec du carbonate de
soude, soit avec de l'urine.

Ces diverses combinaisons ont pour résultat de fixer sur la laine
des alumines colorées ou laques insolubles, qui ne peuvent être dé-
truites par les lavages à l'eau froide, et qui de plus résistent, autant
que les tissus, à l'action de l'air et de la lumière.

ATELIER DES BLEUS DE FRANCE

NOMS DES COULEURS.	MORDANTS ET MATIÈRES COLORANTES.	
Bleus clairs. d° foncés.	Tartre. Acide sulfurique. Sel d'étain. Oxymuriate.	Prussiate jaune de potasse Cyanure rouge. Campêche. Cochenille ammoniacale. Rosolane. Violet d'aniline.

L'acide cyanhydrique ou prussique fut découvert, en 1780, par Scheele, décomposé en 1814 par Gay-Lussac (hydrogène et cyanogène). Depuis 1833, on emploie pour la teinture du bleu de France deux sortes de prussiate : le prussiate jaune et le prussiate rouge, ou cyanure double de fer et de potassium, produit d'un jaune rouge, soluble dans l'eau, connu dans le commerce sous le nom de cyanure rouge.

Application. — Dans un baquet contenant 1,800 litres d'eau, versez 5 kilogr. de cyanure rouge, dissous dans l'eau, 1 kilogramme 500 grammes de sel d'étain, également dissous; enfin, 5 kilogrammes d'acide sulfurique. Brassez votre bain, et contrairement aux principes adoptés pour la teinture des tissus de laine, chauffez ce bain de teinture à 20 degrés de chaleur, au lieu de 80 degrés. Entrez dix pièces de 80 mètres chacune, et à l'aide du tour placé à 80 centimètres au-dessus du baquet, donnez-leur le mouvement de rotation qui les fera entrer et sortir successivement pendant cinq heures.

Que vont devenir ces dix pièces dans ce bain de teinture?

Avant leur entrée, il s'est produit une réaction chimique : l'acide sulfurique a décomposé le cyanure rouge et a engendré une matière qui va se fixer lentement et uniformément sur les tissus.

Cette matière se fixera d'abord en jaune verdâtre, ensuite en **vert** foncé, et — par le fait de l'air, du sel d'étain et de la chaleur du bain, qui, au bout de quatre heures, arrivera à 60 degrés, — cette matière verte, fixée uniformément sur les tissus, sera transformée dans la dernière demi-heure de manutention en une matière bleue, d'un bleu très-solide; en un mot, il se sera formé dans les fils de laine un bleu de Prusse.

Pendant de longues années, l'unisson de cette couleur a été d'une grande difficulté ; aujourd'hui son application est facile, mais cette couleur est, en partie, abandonnée et remplacée par les remarquables bleus d'aniline.

ATELIER DES COULEURS EXTRAITES
DE L'HUILE DE HOUILLE

NOMS DES COULEURS	MORDANTS ET MATIÈRES COLORANTES.	
Rouges { Magenta. Bengale. Rose.	Alcool. Acide sulfurique. Sels d'étain.	Fuchsine. Violet d'aniline. Rosolane.
Violets. Bleus. Verts.		Bleus d'aniline. Verts d'aniline. Violet (Hofmann). d° (de Paris).
Aurore. Orangé. Camélia. Or.		Eosine. Erythéine. Chryséine.

La distillation de la houille pour la production du gaz d'éclairage se fait à l'aide de cornues en argile réfractaire, et donne lieu subsidiairement à la formation de produits liquides connus sous le nom d'huile de houille.

Les principaux produits de la décomposition de la houille sont, en prenant comme exemple les houilles d'Anzin et de Mons:

$$\text{Pour 100 kilos de houille} \begin{cases} \text{Gaz} \dots\dots\dots\dots\dots & 22^{mc}\ 94 \\ \text{Coke} \dots\dots\dots\dots\dots & 75^{k}\ 46 \\ \text{Goudron} \dots\dots\dots\dots & 6^{k}\ 83 \\ \text{Eau ammoniacale} \dots\dots & 7^{k}\ 31 \end{cases}$$

Atelier des noirs

Le goudron contient plusieurs substances dont les principales sont :

		COMPOSITION.	DENSITÉ DU LIQUIDE.	POINT D'ÉBULLITION.
Corps neutres hydrocarbures liquides ou solides.	Benzine.	$C^{12} H^6$	0,850	84° à 86°
	Toluène. . . .	$C^{14} H^8$	0,870	105° à 110°
	Xylène.	$C^{16} H^{10}$	—	127°
	Cumène. . . .	$C^{18} H^{12}$	—	151°
	Cymène.	$C^{20} H^{14}$	0,864	175°
	Naphtaline. . .	$C^{20} H^8$	1,048	217°
	Acide phénique.	$C^{12} H^5 O. HO$	1,065	188°

Pour séparer ces diverses substances, on distille les huiles de houilles brutes dans des cornues en fonte ; la température monte à mesure que la distillation avance ; les produits les plus volatils s'échappent les premiers ; on s'arrête lorsque la température a atteint 300 degrés. Les matières restant dans la cornue sont utilisées, sous le nom de brai, pour divers usages, mais principalement pour la fabrication des charbons agglomérés.

Les produits de la distillation se divisent comme suit :

1° Ceux qui passent avant 150 degrés. Ils comprennent les huiles légères (benzine, toluène, xylène, cumène), et représentent de 3 à 8 0/0 du poids du goudron.

2° Ceux qui passent entre 150 et 200 (acide phénique et un peu de naphtaline).

3° Les dernières vapeurs condensées s'appellent huiles lourdes. Elles renferment de l'acide phénique, et surtout de la naphtaline.

La benzine ($C^{12} H^6$), traitée par l'acide nitrique, se transforme en nitrobenzine ($C^{12} H^5 AzO^4$). La nitrobenzine, mise en présence de l'hydrogène naissant, donne l'aniline ($C^{12} H^7 Az$).

Acide picrique. — L'acide phénique, traité par l'acide nitrique, donne une couleur jaune appelée acide picrique, et appliquée en teinture, pour la première fois, à Lyon, en 1847.

Rosolane (violet Perkin). — Mais c'est à Londres, en 1856, que Perkin, élève de Hofmann, eut l'idée de faire servir l'aniline à la fabrication d'une couleur violette, que l'on obtenait en traitant cet alcali par l'acide sulfurique et le bichromate de potasse.

Depuis cette époque, les diverses recherches de nombreux savants et principalement du savant professeur Hofmann, ont fait découvrir une foule de matières colorantes nouvelles.

Rouges d'aniline. — En 1859, l'aniline, traitée par le bichlorure d'étain ou par l'acide arsénique, a donné naissance au merveilleux produit appelé rouge d'aniline.

Violets d'aniline. — En chauffant à 180° le rouge d'aniline avec partie égale d'aniline, on a obtenu, en 1860, le violet d'aniline.

Bleus d'aniline. — En chauffant à 190° et plus longtemps le rouge d'aniline, avec deux fois son poids d'aniline, on obtient le bleu d'aniline.

Verts d'aniline. — Ce même rouge, dissous dans l'acide sulfurique, puis additionné d'aldéhyde, et versé ensuite dans un bain renfermant de l'hyposulfite de soude, donne le vert lumière.

Violets lumière. — Depuis 1862, en combinant la rosaniline avec les radicaux de l'alcool et de l'esprit de bois, on est arrivé à produire une série de magnifiques violets, connus sous le nom de violets lumière.

Contrairement aux autres matières colorantes (indigo, cochenille, garance, bois de Campêche, de Brésil, de fustet, etc.), les couleurs extraites de l'huile de houille (rouge, bleu, jaune, etc.) ont une grande affinité pour tous les tissus de laine, mais malheureusement elles n'ont pas encore une grande stabilité.

Leur application est des plus faciles. Leur affinité pour les tissus de laine est si grande, qu'elles les teignent en nuances vives et intenses, sans l'auxiliaire d'aucun mordant. On ajoute pourtant dans les bains de teinture certains agents chimiques (acide sulfurique, bisulfate de soude, sel d'étain); mais, disons-le bien vite, ce sont des mordants incomplets, ils n'ont pas la propriété de rendre les couleurs durables à l'action de l'air et de la lumière.

Le grand succès de ces couleurs est assurément leur beauté, leur intensité, leur éclat; et elles ont été immédiatement adoptées par la mode. Aussi le nombre de pièces teintes par an est-il considérable. A l'usine de Clichy, on teint par an 22,000 à 30,000 pièces de 80 mètres chacune.

Espérons que la science et la pratique trouveront avant peu le moyen de rendre inaltérables à l'action de l'air et de la lumière ces remarquables couleurs.

Comme toutes les grandes découvertes, cette découverte a engendré de grands procès, qui ont été et qui seront toujours la ruine des inventeurs. Le monopole donné à un seul (loi de 1844, brevets d'invention), a eu pour résultat d'expatrier la fabrication de ces magnifiques couleurs.

Les fabricants suisses se sont mis à l'œuvre, ils ont profité de tous les brevets de perfectionnement, ils ont fabriqué en grand ces nouveaux produits, et, pendant longtemps, ils les ont livrés à des prix bien au dessous de ceux que nos industriels étaient forcés de payer au monopole français.

En présence de notre nouvelle ère économique et sociale, il serait désirable que les inventeurs devinssent comme nos savants, *les moniteurs* de l'industrie. Aussi serait-il utile de faire une nouvelle loi sur les brevets d'invention, limitant la vraie découverte (à l'invention de nouveaux moyens ou de nouveaux produits industriels), et laissant à chaque pays le devoir de récompenser chez lui ses inventeurs nationaux.

« Il est urgent, dit M. Boutarel dans son Rapport à l'Exposition universelle de 1867, classe 45, de débarrasser nos industries des entraves qui empêchent et retardent leur complet développement; *il faut cesser de sacrifier l'intérêt général à l'intérêt particulier*; il ne faut plus isoler l'inventeur et le parquer dans sa faiblesse individuelle en défendant à tous d'aider à son insuffisance constatée;

en un mot, il faut supprimer le brevet d'invention, qui n'atteint pas
même le but de donner à son titulaire tous les profits de l'inven—
ion. Et d'ailleurs, l'invention est une œuvre collective, souvent
anonyme, à laquelle le genre humain collabore, et qui se produit
fréquemment en plusieurs lieux à la fois, sans qu'il soit possible de
dire au juste quel est le premier inventeur.

De ce que les diverses notions sont révélées à plusieurs hommes,
soit rapprochés, soit séparés par le temps ou l'espace, il est de la nature de l'invention de ne pas appartenir, même temporairement, à
un seul. De plus, en donnant à un seul le droit exclusif de produire,
ce privilége entrave et empêche la production à bon marché.

Enfin, si le droit de travailler est la propriété de tout homme,
si cette propriété est la première, la plus sacrée, la plus imprescrip-
tible de toutes, le privilége temporaire accordé aux inventeurs est
assurément une violation du grand principe de la liberté du travail.

Dans les découvertes, la théorie précède la pratique et la pensée
devance l'action. L'inventeur a le mérite de l'idée, mais sa découverte est souvent loin d'être réalisable ou pratique. Il s'agit de lui
donner la vie, et l'inventeur, par les tendances mêmes de ses facul-
tés inventives, est rarement persévérant dans la recherche des applications pratiques. La persistance, qui sait tirer d'une pensée toutes les conséquences utiles, ne se trouve que chez les praticiens.

Aucune industrie ne souffre plus que les industries de la teinture
et de l'impression du monopole et surtout du privilége exclusif ac—
cordés par la loi actuelle à l'inventeur. Cela tient, en grande partie,
comme nous l'avons déjà démontré ailleurs qu'ici, à ce que les lois
qui régissent les brevets ne sont pas les mêmes dans tous les pays
industriels : il y en a même, la Suisse par exemple, où les brevets
d'invention n'existent pas. De là des conséquences désastreuses pour
l'industrie française.

Exemple :

Grâce aux travaux de savants chimistes européens, la chimie or—
ganique a fait de si grands progrès que l'huile de houille a donné
naissance à plusieurs alcalis volatils.

L'un d'eux, l'aniline, en raison de ses diverses applications industrielles, a produit la plus vive sensation par l'apparition du violet, du rouge, du bleu, du vert et du noir d'aniline.

Comme toute découverte importante, cette découverte a donné naissance à de nombreux brevets de perfectionnement. Immédiatement la Suisse et les pays qui ne reconnaissent pas le privilége de l'invention se sont mis à l'œuvre, ils ont fabriqué en grand ces nouveaux produits. Ils ont seuls profité de leur liberté d'application, seul moyen de donner pleine carrière aux richesses infinies, aux progrès de toutes sortes, aux créations de l'intelligence, à l'accroissement de la richesse publique. Ils ont perfectionné les procédés et ils ont livré à leurs consommateurs des produits supérieurs aux nôtres et à 50 0/0 au-dessous du prix que nous étions forcés de les payer au monopole français.

La loi de 1844, n'envisageant que le seul intérêt de l'inventeur, et négligeant en cela la gloire et la richesse nationales, frappe l'industrie d'improductivité en édictant que toute découverte ou invention nouvelle est le privilége exclusif de son auteur. L'intérêt collectif, la prospérité de tous sont sacrifiés par elle au profit de l'individu.

Pour devenir efficaces et fécondes, les découvertes doivent être livrées aux essais et au travail de tous, et ce n'est que lorsqu'elles sont expérimentées et appliquées par ceux qui sont aptes à le faire, qu'elles atteignent avec aptitude leur plus grand développement. Les rapides progrès et l'exploitation fructueuse des grandes découvertes ne peuvent exister que par le concours et la libre coopération de toutes les intelligences.

La dévolution de toutes les découvertes au domaine public agrandira le cercle de l'activité industrielle, accroîtra la production à bon marché, nous permettra de lutter à armes égales avec les pays étrangers, et affranchira nos diverses industries d'une entrave qui les place dans des conditions d'infériorité. »

Lavage. — Lorsque les pièces d'étoffe sortent des cuves de teinture, elles sont imprégnées d'un excès de colorant non fixé dont elles doivent être débarrassées par un lavage plus ou moins énergique. Cette opération se faisait autrefois, et se fait encore, dans certaines localités et pour certaines étoffes, en attachant les pièces à des piquets plantés dans un cours d'eau dont le mouvement rapide développe le tissu et entraîne la matière colorante non combinée.

A Clichy, le lavage s'exécute méthodiquement dans des appareils spéciaux qui remplacent le passage en rivière.

Les couleurs fines sont lavées dans des baquets qui leur sont spécialement consacrés ; ces baquets sont surmontés d'un tourniquet mû par une transmission mécanique. — Les grosses couleurs, et les noirs, sont passés dans des appareils nommés rivières anglaises.

Rivières anglaises. — Dans un premier bassin bétonné, on plonge, au sortir de la cuve, les pièces cousues bout à bout, et un homme armé d'un bâton les agite vigoureusement dans l'eau ; les pièces s'engagent ensuite entre deux cylindres sous une pluie abondante. La rotation est lente, mais continue, et l'action verticale de l'eau très-efficace : toujours entraînés par le mouvement des cylindres, les tissus redescendent dans un second bassin plus étroit, où l'eau se précipite par un tuyau à large section, et là ils reçoivent en quelque sorte un premier rinçage. De ce bassin les étoffes s'engagent de nouveau entre d'autres cylindres, toujours sous une pluie verticale dont elles sortent enfin entièrement lavées. A leur sortie elles tombent dans de grands paniers à claire-voie ; elles sont alors lisées, pliées et portées aux essoreuses.

Les rivières anglaises, ainsi que les autres installations de l'usine, emploient chaque jour une quantité d'eau considérable. Cette eau est prise à la Seine par dix pompes qui remplissent des réservoirs élevés d'environ huit mètres.

Ces pompes fournissent 3,000 mètres cubes d'eau par dix heures de travail, soit 3 millions de litres ; avec le courant qui s'écoule de la rivière anglaise et des autres appareils, on pourrait facilement faire tourner une roue dont la force serait utilisable ; mais il a été jusqu'à présent impossible d'établir une chute suffisante, et l'eau employée retourne à la Seine par un grand égout.

Rivière anglaise.

Grand Séchoir à chaud.

Les essoreuses de Clichy ne sont pas, comme la plupart de celles de l'industrie moderne, des paniers métalliques ronds pivotant autour d'un axe vertical ; ces essoreuses n'auraient pas la solidité désirable. Ce sont de grands paniers carrés tournant autour d'un axe horizontal : ils sont assujettis par de fortes barres de fer et peuvent, sans danger de projection, être animés d'un mouvement rapide, malgré le poids très-lourd des étoffes mouillées qu'on y renferme. L'essoreuse ayant enlevé la plus grande partie de l'eau, on porte les tissus aux étendages à froid ou à chaud, pour les débarrasser de toute humidité ; il y a un étendage pour les couleurs claires, un autre pour les couleurs foncées : ce sont d'immenses ateliers à toitures extrêmement élevées, et divisés dans la hauteur en deux parties par des barres de bois qui doivent porter les étoffes. Pour que le séchage et le fixage s'opèrent bien et que la teinte conserve l'unisson dans toutes ses parties, il faut, au dessus des barres d'étendage, le même volume d'air qu'au dessous.

Séchoir à chaud. — Les tissus qui ne sont pas séchés à froid, sont portés, encore légèrement humides, au séchoir à chaud, appareil construit par M. Tulpin, de Rouen, et qui se compose de deux rangées de cylindres creux chauffés à la vapeur et munis d'engrenages ; de sorte que la rotation s'exécute sans traction aucune de l'étoffe elle-même, ce qui permet d'y faire passer les tissus les plus légers sans altérer le parallélisme de leurs fils.

Visite. — Au sortir des étendages, tous les tissus sont soumis à plusieurs examens : avant de faire subir aux étoffes la série d'opérations connue sous le nom général d'apprêts, des employés spéciaux, habitués à cette étude, comparent d'abord toutes les pièces teintes à l'échantillon qu'elles doivent reproduire exactement. Si la nuance n'est pas satisfaisante et que l'erreur puisse être réparable par un second passage en cuve, la pièce est renvoyée au teinturier ; si le défaut constaté est irréparable, les pièces sont mises en noir. Ces employés examinent ensuite celles des pièces qui ont besoin d'être épaillées.

Épaillage. — Dans cet atelier, des femmes appelées épailleuses,

armées de petites pinces, retirent adroitement des pièces toutes
les petites parcelles de paille, de coton, de crin, qui, au peignage,
ne sont pas tombées dans la blouse et que la filature a unies et
tordues avec les fils de laine.

Garnissage. — Pour certaines étoffes, draps légers, flanelles,
on a, dans ces dernières années, dressé des garnisseuses avec
brosses de chardon végétal ou métallique.

APPRÊTS

Autrefois les apprêts étaient peu de chose, les étoffes étaient cons-
tituées en quelque sorte par elles-mêmes, c'est-à-dire par la nature
et la disposition des fils, par le choix et la qualité de la matière ; une
étoffe n'était pas rase et régulière parce qu'elle avait été grillée et
tordue, mais parce qu'elle avait été formée de fils très-réguliè-
rement tordus, tissés avec des précautions extrêmes.

Elle était épaisse, élastique et moëlleuse au toucher, parce qu'elle
contenait en quantité suffisante de belle et bonne laine, et non
parce que les brins de la matière, arrachés et dressés par une machine à lainer, lui avaient figuré une fausse épaisseur. Il est vrai de
dire que le goût d'alors était moins exigeant, et que l'on se conten-
tait d'étoffes souvent rugueuses et inégales de tissage.

Aujourd'hui, dans certaines industries, les apprêts sont arrivés à
être tellement perfectionnés, qu'ils constituent presque à eux seuls
toute l'étoffe ou plutôt l'apparence de l'étoffe. Certains foulards, par
exemple, et certains calicots destinés à l'exportation ne sont, en effet,
que des canevas dans lesquels l'apprêteur fixe de la gomme, de
l'amidon et autres matières non classées parmi les textiles.

Il n'en est pas de même pour les laines : les apprêts sont pure-
ment mécaniques et non chimiques; l'épaillage lui-même, qu'on
avait espéré obtenir au moyen d'agents attaquant les matières végétales et respectant la matière animale, doit toujours se faire à la
main.

Tondeuses. — Le premier traitement est le tondage : l'atelier
où il s'exécute est le plus beau de ce genre que nous ayons vu;

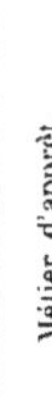

Métier d'apprêt.

Atelier d'épaillage.

quatorze machines, à doubles et triples cylindres d'une assez grande largeur pour recevoir deux pièces à la fois, sont alignées sur deux rangs, et, grâce à leur bonne disposition, fonctionnent sous la direction d'un personnel relativement peu nombreux ; elles sont toutes pourvues d'un appareil à plier, dans lequel l'étoffe s'engage au sortir des cylindres.

Après la tonte, qui rend la surface du tissu entièrement unie, et avant l'apprêt, les étoffes sont pliées en deux dans le sens de la largeur, pour que les paquets soient, à la vente ou à l'expédition, d'un maniement plus facile ; ce doublage se fait à la main.

Les tissus sont apprêtés ou repassés pour que tout pli disparaisse d'une manière définitive ; mais pour que l'action de ce repassage soit efficace, on commence par arroser l'étoffe dans une machine à mouiller, d'où tombe une pluie fine et régulière, produite par le tamisage de l'eau au travers d'un canevas de soie.

Apprêt. — L'apprêt ou le repassage se fait sur une machine à trois cylindres creux, de quarante centimètres de diamètre environ ; à la volonté du chef de métier, une arrivée de vapeur ou d'air froid fait passer la température des trois cylindres du froid au chaud ou du chaud au froid.

Le mérinos ou le cachemire, placé à l'arrière du métier, contourne les cylindres, et, au moment où il quitte le dernier, il est reçu par la main de deux ouvriers assis de chaque côté de l'appareil ; leur fonction est plus compliquée qu'elle ne le semble au premier abord : ils doivent tendre l'étoffe et l'étirer régulièrement pour la maintenir à sa largeur, contrairement à l'effet des cylindres, dont la traction étire l'étoffe en longueur. L'un d'entre eux, ayant un doigt passé entre les deux lisières, les ramène sans cesse l'une vers l'autre pour les faire coïncider avant l'enroulage sur le roule ; pendant ce temps, son compagnon surveille le pli médian pour faire le dos et en assurer la régularité. Cette opération, très-simple en apparence, demande une très-grande force dans les doigts ; on ne peut obtenir de bons et durables apprêts qu'à l'aide d'ouvriers habiles et très-expérimentés ; les bons apprêts ne sont pas dus à la valeur

réelle des tissus, mais à l'habileté et à l'intelligence de l'apprêteur.

Après l'apprêt, les pièces sont descendues dans des caves, où,
pendant quarante-huit heures, on les laisse sur les roules soumises
à l'action d'un froid légèrement humide.

Presses hydrauliques. — Pour certains tissus, ce premier apprêt
est insuffisant; il faut un apprêt glacé, qui ne peut s'obtenir que par
une pression énergique entre les platines de presses hydrauliques.

La pression seule ne suffirait pas ; on place entre chaque pli de
la pièce une lame d'un carton particulier, ayant l'élasticité d'un cuir
et le poli d'un métal bruni ; même avec l'interposition de ces lames,
la pression à froid ne donne pas un résultat satisfaisant ; la chaleur
est nécessaire ; on l'obtient en plaçant de distance en distance,
dans la pile constituée par les pièces, des plaques de fonte fortement
chauffées; pour protéger le tissu contre leur action trop vive, on
les entoure de feutres épais, garantis eux-mêmes contre la combustion par des feuilles de tôle.

Expédition. — Lorsque les étoffes ont reçu toutes leurs opérations et qu'elles sont définitivement terminées, on les plie sur le
mètre, à l'aide d'un rectomètre. Les pièces sont enfin soumises une
à une à un dernier examen, et, irréprochables de tout défaut, elles
sont livrées à la salle d'expédition. Une dernière opération mécanique consiste à enrouler les tissus autour de petites planchettes,
puis ils sont emballés et expédiés vers tous les points du globe.

L'atelier d'expédition n'est pas un des moins curieux à étudier,
car on peut y constater quelles sont les natures d'étoffes et les variétés
de nuances à la mode ; on peut aussi, par les différentes marques
apposées, par les adresses des colis, se rendre compte du mouvement
commercial. Nous avons constaté avec une grande satisfaction com-
bien nos tissus de laine sont appréciés dans l'extrême Orient, en
voyant apposée sur plusieurs pièces d'un beau violet, destinées au
Japon ou à la Cochinchine, au dessous de la marque du fabricant,
la mention de : *Tissu français*, brodée au chef de la pièce.

L'usine de Clichy est un exemple frappant de l'accroissement d'une industrie à laquelle ont été appliqués, avec intelligence, sous l'influence d'une bonne direction générale, tous les perfectionnements de la science moderne.

Les épailleuses.

Loin de cacher leurs secrets, MM. Chappat, continuant les traditions laissées par l'éminent et regretté M. Boutarel, ouvrent largement leurs portes aux visiteurs. Chaque année, les élèves de l'École polytechnique, de l'École centrale, de l'École de commerce, etc., reçoivent chez eux un accueil cordial, et les directeurs de l'usine sont toujours heureux de faire connaître l'application faite par eux des découvertes incessantes de nos savants.

<hr>

FIN DE LA TEINTURERIE BOUTAREL.

PARIS. — TYPOGRAPHIE DE E. PLON ET Cie, RUE GARANCIÈRE, 8.

La 12ᵉ série est consacrée à la monographie de l'Exposition de 1878.

On peut recevoir par la poste chaque livraison séparée de la série en cours de publication, en envoyant à M. Calmann Lévy 60 centimes en timbres-poste.

Les livraisons de la série en cours de publication se vendent 60 centimes chez tous les libraires.

L'Administration des GRANDES USINES, RUE DU COLYSÉE, 2, *se charge, pour ses abonnés, de tous renseignements pour vente, achat, mobilisation d'établissements industriels, mines, etc.*

Achat et vente de Machines et matériel, traités de charbon, vente et achat de minerais, matières premières.

ON DEMANDE

Minerais de zinc.—Blende ou calamine dans le bassin de la Méditerranée, et surtout dans les Cévennes, Alpes, Pyrénées, Ardèche, Aveyron, Auvergne.

A VENDRE

MINES D'ALLOUE, près Ruffec (Charente). — Argent — Plomb — Zinc.

PARIS. — TYPOGRAPHIE DE E. PLON ET Cⁱᵉ, RUE GARANCIÈRE, 8.